PREFACE

*Ce livre retrace mes pensé
difficiles que j'ai traversées   que les émotions et
les interrogations qui les ont accompagnées.*

*Depuis mon enfance, peu importe ce que je vivais
ou ce que je ressentais, il y avait   constamment une
voix off dans ma tête qui commentait tout.*

*À travers ces quelques textes, je vous laisse un
aperçu de cette voix off.*

*Celle-ci s'adresse quelquefois à moi-même, parfois
à une seule personne et de temps à autre à
plusieurs spectateurs.*

*Tous ces écrits parlent de ma réalité et de l'existence
dans sa totalité.*

Mes inspirations

Le chiffre 3

Ce livre se présente en 3 phases qui symbolisent chacune différents cycles et l'émergence d'un être nouveau grâce à l'accomplissement.

Le chiffre 3 est important pour moi, car il constitue le corps, l'âme et l'esprit et également la naissance, le destin et la mort.

Ce chiffre équivaut aussi à la voie, la vérité et la vie qui sont bien représentées dans mes chapitres.

Le dépassement de toutes les épreuves menant à la paix intérieure : le chemin vers l'authenticité.

Son symbole est le yin et le yang ou encore le triangle qui incarne l'élévation.

Le chiffre 5

Tous les textes de mon livre mettent à l'honneur le chiffre 5. Celui-ci est particulièrement cher à mon cœur. J'ai toujours été entouré de celui-ci.

Il symbolise l'évolution, l'exploration et le changement.

Le nombre 5 se retrouve partout autour de nous et en nous (les 5 doigts de la main, les 5 éléments et bien d'autres encore présents dans ces textes.)

Le 5 est souvent associé à la nature, aux cycles et à la vie.

La vie est précisément ce phénomène qui utilise la matière inerte pour l'animer selon un mécanisme invisible et mystérieux : l'alchimie.

C'est allant à la rencontre de toutes nos peurs, nos souvenirs et nos croyances refoulées et c'est en les affrontant, en les transfigurant qu'on parvient à « être ».

C'est le principe de l'alchimie : on transforme le plomb : nos côtés sombres en or : joie, lumière... Le processus d'individualisation c'est une alchimie de l'être.

SOMMAIRE

PARTIE 1 : CHAKRAS DU CŒUR

- **les 5 blessures**
    - L'abandon
    - La trahison
    - L'injustice
    - L'humiliation
    - Le rejet

- **les 5 états**
    - La désillusion
    - L'amour
    - La réalité
    - La passion
    - La dépendance affective

PARTIE 2 : CHRYSALIDE

- **les 5 sens**
    - Le goût
    - La vue
    - L'odorat
    - Le touché
    - L'ouïe

- **les 5 phases**
    - Le déni
    - La colère
    - Le marchandage
    - La dépression
    - L'acceptation

PARTIE 3 : PAPILLON

- **les 5 arcanes**
  - L'être
  - Le ça
  - Le moi
  - Le sur-moi
  - Les autres

- **les 5 clés**
  - La clarté
  - La résilience
  - La préservation
  - La confiance en soi
  - Le lâcher prise

« J'espère que ces quelques « maux »
éclaireront votre chemin. »

PARTIE 1

CHAKRAS DU CŒUR

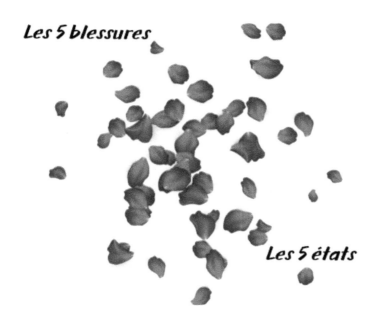

Les 5 blessures

Les 5 états

Les 5 blessures

Une lettre d'adieu laissé sur un banc. Un cœur ouvert plein de confiance broyée par l'être aimé. Un regard innocent qui se fait crever les yeux. Un moment de maladresse gelé à jamais.

L'abandon

-

La trahison

-

L'injustice

-

L'humiliation

-

Le rejet

L'abandon

Se sentir abandonner, c'est se retrouver seul face à soi-même. C'est comme si on était perdu au milieu d'un océan sur le point de se noyer.

On ressent ce besoin viscéral d'avoir quelqu'un sur qui on peut compter, d'avoir une bouée de sauvetage.

C'est cette âme qui nous raccroche à la vie, et lorsqu'elle s'en va, c'est comme si les profondeurs nous absorbaient tout entier.

Le pire, c'est voir cette personne qui arrive à nager et qui nous laisse dans l'eau, seule, de manière totalement délibérée.

Alors, on se demande pourquoi et on se sent triste. On se remet en question, on se dit que c'est parce qu'on n'est pas digne d'être aimé.

L'abandon, ça va souvent avec la dépendance affective. Elle survient comme ça, un jour on s'accroche à cette personnalité.

Elle devient toute notre vie, on vit à travers elle. En fait, on vit à travers ses yeux.

Ça peut être n'importe qui : un lien du sang, comme un lien du cœur. La souffrance est la même.

La douleur est plus intense encore lorsqu'elle provient de ceux qui nous ont fait venir sur terre.

Ceux-ci, nous laissent tout à coup face à notre propre existence. On se sent délaissé, puis on s'abandonne dans le vide.

On se sent inexistant. Est-ce que c'est cette personne-là qui faisait de nous quelqu'un de réel ? C'était pour elle qu'on est arrivé à vivre.

Je crois qu'il faut éprouver de l'abandon au moins une fois dans sa vie, pour s'aimer véritablement.

Je suis de ces personnes qui ont besoin de tout perdre pour réaliser qu'elle se suffit à elle-même.

La recette est pourtant simple : dépasser ses peurs pour enfin être légitime de vivre sa propre existence.

Lorsqu'on souffre d'abandon, on donne le pouvoir à l'autre comme s'il détenait notre cœur entre ses mains.

En réalité notre cœur bat bien profond à sa juste place. Chaque personne est le capitaine de son âme.

Nous seul, avons la faculté de nous laisser noyer, ou bien de mettre toutes nos forces pour réussir à sortir de cet océan sans l'aide de personne.

La trahison

Elle est arrivée soudainement, du moins je l'ai cru. L'amnésie traumatique a parfois des bons côtés.

En vérité, la lésion était profonde et le mal insoupçonné. Il était inconcevable d'y croire et pourtant, elle était là.

Lorsqu'on évoque la trahison, on voit souvent une image : celle d'un couteau planté dans le dos.

Pour ma part, la lame était bien enfoncée dans mon cœur.

La blessure était pénétrante puisqu'elle a été faite avec amour, car il n'y a pas de trahison sans affection au préalable.

Ce sont généralement les personnes les plus proches de nous, ceux que l'on aime le plus, qui nous assènent le coup fatal.

On en ressort choqués, hagard et meurtris, en ayant l'impression que notre cœur ne s'ouvrira plus jamais.

On porte alors un bouclier, un masque bien scellé, puisque désormais, il faut rester forte, car on ne pourra plus jamais se reposer sur quelqu'un.

Imaginez maintenant, insérez-vous dans ma peau et dites-vous : que vous ne pouvez faire confiance à personne.

Pourquoi ? car tous les récits inventés sonnent faux et que les personnes qui étaient censées vous protéger ne l'ont pas fait.

Vous faites partie d'une comédie dramatique, dont personne ne veut sortir.

Tous autour de vous continuent de jouer un rôle et de préserver une certaine image.

Visualisez-vous alors être la seule qui a conscience d'être dans ce film.

Le paraître et la superficialité sont mis en avant pour cacher la peur et la honte qui détiennent la place principale.

Le casting est comme suit : des adultes, vos proches qui sont pleins d'insécurités, de principes et de traumatismes.

La terrible vérité c'est qu'ils ont choisi de les mettre au-dessus de l'amour et de la protection d'êtres innocents.

Personne n'a jamais été puni, ni le responsable et ni les autres qui le sont tout autant. À présent, seules la mort et la culpabilité l'emporteront.

Ce silence se transforma en une trahison. Car on peut pardonner un instant d'égarement, mais pas un déni répété.

Il vient un moment ou une erreur devient une décision avec toutes les affreuses conséquences qui en découlent.

Lorsqu'on cache un tel secret si longtemps, celui-ci finit par grandir et tout pourrir sur son passage.

Exposée face au mal, manipulée et abusée, je me suis réveillée 20 ans plus tard.

Perturbée, comme sortie d'un mauvais rêve et de cette comédie dans laquelle ils prennent encore place.

Cette négligence m'a atteint et s'est poursuivie avant et après moi.

Finalement, cette trahison m'a plus brisé que l'acte en lui-même.

Les deux ont détruit mon cœur jusqu'à changer ma vision de l'amour pour l'éternité.

Dans les deux cas j'ai été utilisée affectueusement et forcée de rester sous silence.

La trahison, elle a faussé tous mes rapports humains.

Elle m'a atteint profondément et s'est étendue jusqu'à laisser des séquelles mentale et physique irréversibles.

J'ai dû trouver la force que personne n'a eue avant moi.

Avec mon aveu et mes actions, j'ai rétabli la vérité et j'ai brisé ce cycle intergénérationnel pour le bien de tous.

J'ai transmis un message qui a permis la libération, j'ai délivré la parole cachée, mais ça n'a pas suffi à enlever le mal.

On dit que lorsqu'on est trahi, il vaut mieux pardonner pour soi-même et non pour les autres. Je pardonne, mais je n'oublie pas.

Dans la vie nous avons tous le choix et il faut assumer les conséquences.

Un acte manqué reste un acte, avec toutes ses horribles conséquences.

La blessure de la trahison, elle ne cicatrise jamais.

Toutefois, après avoir accompli ce que votre cœur vous dicte et vous être libérés.

Après vous être éloigné de ses mauvaises énergies et aussi parfois des personnes qui étaient si chères à votre cœur.

La plaie béante commencera peu à peu à guérir.

L'injustice

L'injustice, elle arrive de nulle part, et tout à coup bouleverse votre vie à jamais.

L'injustice c'est quand on hurle à pleins poumons et que personne ne vous entend.

C'est un cri qui vous transperce de l'intérieur, un appel à l'aide non entendu.

C'est comme être à moitié mort étendu devant les yeux du monde entier sans qu'une seule personne ne lève le petit doigt pour vous ramasser.

À l'époque de la naïveté, on me nommait Calimero, vous savez : ce personnage de dessin animé, qui ignore pourquoi le sort s'acharne.

C'est le vilain petit canard qui trouve les choses injustes et personne ne lui donne raison.

Le plus horrible, c'est qu'en plus on minimise ce qu'il vit et il subit des moqueries.

En vérité, à ce moment-là, mon innocence avait été arrachée à plusieurs reprises de façon différente.

Je l'avais cédée, j'avais perdu des proches aussi. Je vivais la pire des injustices.

Celle qui vous transforme à jamais. C'est la raison pour laquelle une goutte d'eau était pour moi un tsunami.

Souffrir d'injustice, c'est saigner en silence, sans qu'il n'y ait jamais de peine encourue pour celui qui vous a détruit.

C'est se retrouver seul face à soi-même, et surtout en face de la douleur. Peu importe votre âge, elle vous frappe de plein fouet.

Vous ne pouvez rien faire pour réparer les choses, à part vivre avec ses conséquences.
De l'impuissance à l'état pur.

Nous n'avons pas tous la même notion du bien et du mal. Parfois, les situations injustes proviennent des gens, de temps à autre ça vient juste de la vie.

Dans les deux cas, c'est quelque chose d'imprévisible. La vie entière est remplie d'injustices.

C'est pour moi la plus difficile des blessures, car celle-ci est incontrôlable. On ne peut pas la maitriser ni la voir venir.

On n'a pas le choix que d'accepter qu'il en soit ainsi, baisser les armes, arrêter de marcher et laisser passer la tempête.

Accueillir cette tempête sans se remettre en question et sans se comparer aux chanceux qui n'en ont pas était frappés.

On n'en ressort jamais complètement guérie de la blessure d'injustice, il y un avant et un après elle. Elle nous change à jamais.

On peut lui dire au revoir, mais on ne lui dit jamais adieu. On peut toujours la rencontrer à nouveau un jour ou l'autre au détour de la vie.

L'humiliation

Avant, je pensais qu'être humilié c'était lorsque tout le monde riait de vous.

Personne ne se rend compte qu'une petite moquerie peut rester gravée à jamais en vous.

Pendant longtemps, j'ai cru que les plaisanteries étaient des actes d'amour, parce que, qui aime bien châtie bien n'est-ce pas ?

Finalement, ces brimades m'ont formatée. Une raillerie, qui petit à petit est devenue une réalité.

On entend cette phrase, elle vous colle à la peau et vous finissez par l'entendre encore et encore.

« T'es pas normale, tu es incapable. »
« Tes trop grosse, tu devrais mieux t'habiller »

Face à votre miroir, vous avez une vision déformée de la réalité qui fait surface à présent. Commence alors une lutte contre la nourriture.

La petite voix dans ma tête qu'ils ont créée n'est jamais partie.

À chacune de mes émotions, elle criait de plus en plus fort.

Dans les périodes charnières de ma vie, j'avais juste cette voix dans mon esprit qui répétait que je n'allais pas y arriver et qu'ils avaient raison.

Malgré tout, j'ai continué de me battre, mais à chaque fois, à chaque échec, elle était là.

L'humiliation c'est ça, c'est se sentir tellement petit qu'on en finit par disparaître.

Un jour, j'ai décidé de ne plus écouter ses paroles et de la laisser seule dans le noir.
Cela n'a rien changé.

J'ai enfin compris que cette voix n'était pas mon ennemie. Vous savez, c'est le chant de votre enfant intérieur.

C'était une partie de moi qui avait peur et qui se sentait isolée, incomprise. Elle attendait juste qu'on l'aime comme elle était sans qu'on la juge.

J'ai pris conscience qu'il n'y avait que moi qui pouvais changer les choses.

La seule solution c'était de lui tenir la main, de lui faire un câlin et de la rassurer, car les mots, ont un pouvoir immense.

J'ai attendu trop longtemps que ceux qui ont créé ce mal être, le répare.

Qu'ils me réparent et fassent taire cette voix, mais ce n'est jamais arrivé.

J'ai fini par comprendre que je n'avais rien à prouver à personne et que je ne devais surtout plus chercher l'approbation d'autrui.

En général, les moqueries des autres ne sont que le reflet de leur propre insécurité.
Quand une lumière aveugle trop, ça fait peur.

Le rejet

Je mène un combat intérieur.
Chaque seconde, je suis ma propre ennemie.
Mon énergie s'écoule peu à peu.

Les autres sont les pires des responsables. Il y a des mots qui blessent plus que la douleur.

Des pensées qui vous pèsent et qui vous rendent si lourd que vous en finissez par tomber.

Heureusement, j'ai trouvé refuge parmi des personnes qui, comme moi, souffrent continuellement en silence.

On nous appelle les zèbres : il est différent du cheval. Il se fait rare, il est souvent seul et jugé de par ses traits.

Vivre avec la maladie, c'est très dur, mais le plus compliqué c'est le regard des autres.
Le jugement surtout.

Des incultes pour la plupart, ils ignorent que 80 % des handicaps sont invisibles.

Nous les zèbres, on doit continuellement se battre et affronter ce regard.

 De la part des inconnus, de nos proches, mais aussi, de la part des médecins.

On fait souvent face à une longue errance, on suit un chemin sinueux. On parcourt vent et marée en cherchant le phare à l'horizon.

Lorsqu'on le trouve enfin, le trajet est loin d'être terminé.

Malgré qu'on se sente finalement légitime, on se heurte aussi à la réalité.

On fait face à cette épée de Damoclès et on réalise qu'elle planera éternellement au-dessus de notre tête.

La pression de la normalité est omniprésente. En tant que femme, c'est encore plus dur.

On s'écroule sous le poids de toute cette charge mentale.

J'ai souvent perçu la vie d'une autre manière et je n'ai jamais compris le concept du travail.

J'ai toujours mis en avant la liberté et pour moi la terre appartient à tout le monde.

Pour moi, il n'y a ni religion ni couleur de peau et la différence et la ressemblance ne font qu'un.

J'apprécie une personne pour ce qu'elle est au fond, peu importe son genre.

Pourquoi se fixer des étiquettes ?
Pourquoi tant de conflits inutiles existent ?
Pourquoi tant de souffrances ?

Pour l'idéaliste que je suis, le choc de la réalité est rude.

Il faut savoir faire de la différence une force.
Dans notre société ou tout est réglé comme une horloge, c'est sortir du cadre.

Ce cadre est une illusion.
Derrière une personne triste qui ne prend pas soin d'elle, se blottit sûrement une lourde charge.

Certes, invisible, mais bien présente.
Tout comme il se cache quelque chose derrière quelqu'un qui porte un large sourire.

« Le monde entier est un théâtre et nous tous nous n'en sommes que les acteurs » : c'est ma citation préférée, elle est tellement réelle.

En vérité, derrière n'importe qui, même un inconnu, se dissimule toujours une grande histoire.

Les 5 états

Aimer à en perdre la raison. Apprivoiser l'amour. Se heurter à la réalité. Vivre une passion débordante. Exister à travers quelqu'un d'autre.

La désillusion

-

L'amour

-

La réalité

-

La passion

-

La dépendance affective

La désillusion

Déception, trahison, tristesse, perte de temps…
J'ai le cœur en miettes, je m'en veux, je t'en veux…
Est-ce la fin de notre récit, s'achève-t-il ainsi ?

À quel moment commence véritablement une
relation ? Est-ce au premier regard ?
 Au premier échange ? Au premier baiser ?

Au premier contact de la peau ?
À la première dispute ?

Mais que faisons-nous ensuite de tous ces
échanges ?

De tous ces sentiments ? De tous ces pleurs ?
Et de toutes ses joies ?

Si celle-ci n'était pas le résumé d'une histoire.
Alors que signifie tout cela ?

S'il y a un début, il y'a forcément une fin, peu
importe le type de rapports.

À chacune des rencontres. Au hasard d'une rue,
d'une soirée.

Toutes les synchronicités semblent vous mener
vers cette personne, en ce moment.

Vous vous sentez guidés.
Puis, au fil du temps, plus rien n'a de sens.

Chaque personne à quelque chose à nous apporter, mais ça, on ne le sait pas au premier regard.

Il n'y a pas de hasard, il n'y a que des rendez-vous.
On s'accroche, on idéalise, l'amitié parfaite.
On s'écorche, porté de désillusion en désillusion.

L'amour

On dit que quand une porte se ferme, une fenêtre s'ouvre et qu'il y a toujours une raison aux choses.

En vérité, le hasard prend parfois plus de place qu'un chapitre.

J'ai vécu l'amour à sens unique, celui qui est niché dans ta propre tête.

Tu idéalises une histoire, sortie tout droit d'un conte de fées.

J'ai survécu à l'amour toxique, celui qui te fait perdre toute notion de la réalité.
Celui dans lequel tu te noies petit à petit.

La toxicité, elle, peut venir des deux côtés.
Fragile, paumée, je n'avais plus mes propres repères. Je ne vivais pas encore l'amour sain.

On dit que le plus important c'est d'offrir autour de soi alors j'ai donné, j'ai donné à corps perdu.

Je vivais à travers lui : l'affection qu'on retrouve dans les films et les chansons.
Je me fixais des croyances limitantes.

Je ne savais pas que c'était en moi qu'il fallait d'abord puiser cet amour.

Pourtant, c'était nécessaire avant de pouvoir le recevoir et en offrir à mon tour.

La réalité

J'ai longtemps idéalisé l'histoire des amants maudits…

Vous savez cette histoire, qu'on ne voit que dans les films ?

Les deux protagonistes ne peuvent pas se détacher l'un de l'autre.

Ce sont les amants maudits. J'admirais cet amour ultime.

Je suis convaincue que la majorité des gens n'aiment pas de la bonne façon.

Ils se sacrifient pour autrui et prennent la dévotion pour de l'amour.

Ils pensent qu'il suffit de sauver les personnes en souffrance pour épargner la relation.

Je connais tout ça par cœur.
On ne peut pas secourir quelqu'un qui ne veut pas l'être.

On ne peut pas faire ouvrir les yeux à quelqu'un qui réclame de rester aveugle.

L'autre est notre miroir. Ils nous renvoient nos insécurités et nos peurs.

Une part de l'autre est souvent une fraction de nous.

Il nous reflète, parfois par morceaux, dans certains cas à l'envers et certaines fois complètement.
Le ying et le yang... Le pile et le face.

C'est la raison pour laquelle on s'accroche, on s'use parce qu'on ressent une connexion immense.

L'évidence, c'est qu'on a connu cette âme dans différentes vies.

Dans certains cas, on a une leçon à en tirer bonne ou mauvaise. On a une dette karmique.

Et puis, j'ai fini par comprendre qu'on est la personne la plus importante de notre vie.

On a vécu avant cette personne et on demeurera après.

L'amour de soi est inconditionnel alors que l'amour fantasmé, lui, il nous tue.

La passion

Ah la passion… l'interdit, les frissons… la montée d'adrénaline… certaines personnes peuvent en être complètement accro.

Quand il effleure ta peau et que ton cœur semble bondir de sa poitrine…

Quand tu sens les papillons montés au creux de ton ventre.

On devient vite accro à cette sensation, à tel point, qu'on peut la rechercher encore et encore.

Jusqu'à ne jamais se satisfaire de cette vie qu'on trouve tellement « vide ».

On dit souvent que tomber amoureux équivaux à rentrer tout droit dans un mur.

Ce terme : tomber fait que l'on croit qu'il est normal d'avoir mal en amour.

La faute à Roméo et Juliette, Tristan et Yseult… On s'accroche à ces relations passionnelles, ces passion destructrices.

La passion, elle est partout. Pas besoin de la personnifier.

Lorsqu'elle est vraiment présente, elle motive, elle excite, elle rend meilleure.

Être passionnée par quelque chose aide à donner un sens à sa vie. On se sent exalté…

La vraie passion se trouve à l'intérieur. Il faut savoir puiser en soi sa force, pour la trouver.

La dépendance affective

Elle est la plus destructrice de toutes.
Vous savez, celle qui nous empêche d'être nous-même par peur de perdre l'autre ?

C'est la dépendance qui nous retient dans le contrôle. Une obsession, égale à une drogue.
Il est très difficile de s'en détacher.

A cause d'elle, on devient dépendant des autres, spécialement des personnes qui nous sont chères.

On en néglige notre propre personnalité parfois, tellement notre vie brille à travers leurs yeux.

On se sent pathétique sans l'autre, car c'est grâce à lui que l'on se valorise.

On met en place des habitudes en rapport avec lui jusqu'à s'en oublier.

Telle une drogue, obtenir sa présence se transforme en un véritable besoin.

On comble un manque.
Sans cette personne, on recommence à se faire du mal. On se retrouve face à nos idées noires.

Il arrive parfois qu'on tente de se libérer de ce poids en laissant couler l'essence de notre corps et ces marques nous définissent à jamais.

Cette sensation nous rend vivante, à tel point que lorsqu'elle cesse, on a l'impression de mourir.

Alors, pour combler ce vide, on se ment à soi-même à nouveau.

On en oublie nos valeurs, notre estime et on pardonne l'impardonnable.

Tout cela, pour des minuscules morceaux d'attention.

La dépendance affective nous transforme. Elle fait de nous quelqu'un d'autre.

Elle fait fuir l'autre et c'est légitime.
Chaque personne est un bonus dans notre vie.

J'ai mis du temps à l'intégrer, à le vouloir puis à l'accepter.

Il faut pouvoir sortir de la dépendance affective, pour échapper à l'enfer et pourvoir enfin se re-rencontrer.

PARTIE 2

CHRYSALIDE

Les 5 sens

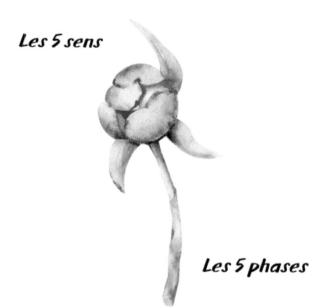

Les 5 phases

Les 5 sens

Gouter à la saveur de la vie. Enlever ses œillères. Sentir le monde. Ressentir en un instant. Écouter sa raison.

Le goût

-

La vue

-

L'odorat

-

Le touché

-

L'ouïe

Le goût

Je n'ai plus le goût à rien, tantôt je suis figée de la même manière qu'une statue tantôt, je marche comme un automate.

J'ai l'impression d'être un zombie, si remplie d'émotions et si vide à la fois.

J'ai égaré beaucoup de choses dans ma vie. Je suis perdu, j'ai besoin d'une boussole.

Les détails qui faisaient que la vie était belle, pleine d'espoir ne sont plus.

J'ai perdu le goût de vivre, l'envie. Plus rien n'a la même saveur.

Manger, rire, danser. Tout me semble si fade et je n'ai plus le désir de continuer.

De plus, l'alimentation n'a plus le même goût, tout est altéré.

Avoir le goût à la vie, c'est avoir le goût des petites choses.

Lorsqu'on perd le goût, on gâche un aspect important de l'existence.

La saveur de l'amour peut être si amère.
Le goût de toutes les émotions, ont désormais le piquant d'un poison.

Je marche, je respire et pourtant je suis là sans être là. Je ne sais plus qui je suis.

J'ai perdu le charme des échanges. La saveur d'apprécier les petites choses du monde.

Autrefois, j'avais l'envie de continuer.
J'avais de la gourmandise pour des choses anodines.

J'étais heureuse de lire, d'écrire et j'affectionnais le goût du moment présent.

La vue

Je n'ai pas su voir. Je n'ai pas su percevoir non plus. Et pourtant, j'ai vu les faux sourire sur son visage.

J'y ai trouvé la douleur, mais j'ai sous-estimé sa profondeur. Je n'y ai aperçu que du feu.

J'ai été aveuglé tellement de temps.
On dit que lorsqu'on n'est pas prêt à découvrir la vérité, alors on se met des œillères.

J'ai connu pas mal de personnes comme ça, qui ont préféré fermer les yeux plutôt que d'admettre la réalité...

On n'a pas tous la même vision de la vie et c'est bien le problème.

J'ai trop souvent tenté d'y voir clair, à travers le filtre des autres. Jusqu'à en oublier la véritable image des choses.

C'est presque comme si on en tombait aveugle tellement la vue, la vie devient embrouillée.

À des moments, on perd la force de maintenir son champ de vision.

Pourtant, il n'est jamais bon de baisser les yeux...
J'ai tendance à dissocier lorsqu'un événement me stresse ou me fait traverser une émotion forte.

C'est comme une protection du cerveau pour ne pas souffrir, mais on en souffre.

C'est comme si ont été enfermé dans notre bulle, prisonnier de notre propre corps : on peut voir, mais on est pas réellement conscient.

On est dans la lune, on s'échappe de la réalité un instant, pour que celui-ci passe plus vite.
On joue avec le temps.

Il faut être assez fort pour regarder la vérité en face.

Lorsqu'on voit à nouveau, on perçoit la vie et les gens qu'on aime avec un regard différent.

Un nouvel angle, une autre vision, et avec elle, vient indubitablement les décisions difficiles.

L'odorat

L'odeur d'un parfum qui vous rappelle une personne, un souvenir, un moment d'amour, de tristesse…

L'odeur détient cette faculté de faire venir la mélancolie. Elle peut apaiser aussi.

On a tous une senteur qui nous fait du bien et celle-ci est toujours associée à quelque chose.

L'émanation de la nature, de la pluie, du linge propre… L'odeur de son parfum préféré.

Le souvenir d'un jour précis, figé à jamais, prisonnier de cette effluve, impossible à retrouver.

On a tous une senteur perceptible seulement par les autres, mais pas par nous. C'est une odeur indescriptible.

Grâce à elle, on peut véritablement savoir si on ne sent pas une personne.

Les énergies que celles-ci dégagent se diffusent par tous les pores de sa peau.

Lorsqu'une personne est mauvaise, même un bon parfum ne peut changer cela.

J'ai cette faculté de ressentir les choses à l'avance. Je flaire ce qui va arriver. Je sens, je ressens et je perçois.

Pourtant, cela n'est pas perceptible, ça n'a pas d'odeur, mais lorsque l'intuition se fait sentir, rien ne peut l'arrêter.

Sans odeur il est difficile de se repérer, d'affronter la vie, d'avoir envie.

À travers un sens, on absorbe une partie de ce qu'est la vie.

Lorsqu'on en perd un, même s'il est souvent renforcé par un autre, on ne respire plus comme avant.

J'aurais aimé garder pour toujours en mémoire ce doux parfum, afin que jamais tu ne disparaisses.

Le touché

« Elle m'a frôlé la main, et c'est comme si le monde s'éclairait tout à coup. »

N'avez-vous jamais entendu ce genre de phrase ?
N'avez-vous jamais ressenti ce type de moment ?

Le toucher à cette faculté de nous faire vivre des sensations qui restent à jamais ancrées dans notre peau.

Malheureusement, c'est valable également pour les pires souvenirs.

Ils perdurent eux aussi, emprisonnés par toutes les cellules de notre épiderme.

Jusqu'qu'au moment où quelqu'un nous touche à nouveau. Ils reviennent par flash-back encore et encore.

Le toucher laisse des marques : des ecchymoses en souvenir de la chute. Le plus souvent, des empreintes qui sont invisibles à l'œil nu.

Ces marques, elles ont d'abord envahi ma peau, puis elles se sont enlisées jusqu'à mon cœur.

Elles l'ont transpercé de toute part. Elles m'ont touchée comme jamais auparavant.

Le touché a aussi le pouvoir de nous faire sentir vivant. Il nous raccroche à la terre.

Enfoncer ses pieds dans le sable chaud n'est-il pas la meilleure des sensations ?

Lorsque je me sens seule, je m'imagine sur une plage.

Voilà pourquoi j'ai toujours besoin d'éprouver ce sentiment dès que je le peux et que je suis sans cesse les pieds nus.

Sentir le sol, toucher sa matière me permet d'être ancrée et de me sentir exister.

Peau à peu, terre à peau. Cette fois, j'ancre mes empreintes et je fais corps à corps avec elles.

L'ouïe

« J'ai beaucoup entendu parler de toi » « on m'a raconté cette histoire ».

N'avez-vous jamais vécu ces situations ?
Les rumeurs, les brimades, les chuchotements derrière votre dos…

Parfois vous entendez malgré vous et de temps en temps, vous faites cela de manière délibérée.

Vous cherchez à découvrir un secret, à comprendre des conversations qui peuvent transformer votre vie.

L'ouïe à cette faculté-là, on peut comprendre des choses que l'on n'osera jamais vous dire en face. Il permet de découvrir la vérité.

Mais entre entendre et écouter, il y a un fossé. On décide habituellement de ne pas écouter des mots trop douloureux…

Je ne compte pas les fois, ou je n'ai pas été entendu.

C'est à cause de ça que je me taire trop dans le silence. Parce que mes cris étouffés ont résonné dans le vide.
Souvent, ça a donné un écho. Un appel à moi-même. Un gémissement reçu à sens unique.

Plein de personnes ne parviennent pas à être sereines sans sons. En vérité, le bruit couvre les pensées.

Il recouvre un tumulte qu'on ne veut habituellement pas écouter, donc on le couvre pour le faire s'écraser, en espérant qu'il suffoque.

Personnellement, j'aime le bruit du silence. Le son du vide et surtout des petites agitations environnantes.

C'est la preuve que le monde tourne et que je ne suis pas seule.

La chanson était toute ma vie durant une longue époque.

La musique est un exutoire qui vous transporte dans un monde imaginaire, le temps d'une chanson.

Il y a des mélodies qui ont le pouvoir de vous changer. Elle vous réchauffe le cœur.

Entendre les rires de ceux que vous aimez n'est-il pas le plus beau des sons ?

Les 5 phases

Un souffle coupé. Un coup de poing. Des mains en signe de prières. Des pleurs incontrôlables. Le lâcher prise.

Le déni

-

La colère

-

Le marchandage

-

La dépression

-

L'acceptation

Le déni

Les journées sont imprévisibles, la vie est un combat. Je préfère vivre comme avant donc, je m'empêche d'en prendre conscience.

Les douleurs, vont et viennent, disparaissent, réapparaissent avec plus ou moins d'intensité, d'invalidité.

Capricieuses, indélébiles, elles font désormais partie de moi à jamais.

Tantôt tapie dans l'ombre, tantôt sur le devant de la scène.

Le pire, c'est qu'elles arrivent toujours à l'improviste, comme ça, sans prévenir.

Je me projette à nouveau dans l'avenir, dans mes envies. Je prévois des choses et des rêves.
Mais d'une seconde à l'autre tout peut basculer.

J'aime rester dans le déni.
Me dire que je peux encore gravir des montagnes et que rien ne peut m'atteindre.

Que la vie est belle et que le destin est doux.
Que l'amour m'ouvre les portes et que ma destinée est celle dont j'ai toujours rêvé.

C'est lorsque la fatigue et que les symptômes me heurtent de plein fouet, que je réalise les choses.

Vous savez, comme lorsque vous vous réveillez le matin et que tout vous revient en mémoire ?

Je veux continuer à être normale alors, je pousse mon corps à bout, jusqu'à ce que toutes mes forces se dérobent.

Puis, lorsque l'énergie revient, je retombe à nouveau dans mon ami : le déni.

C'est une course infernale.
Autour de moi, ils ferment les yeux et les oreilles.

Parfois, ils se souviennent puis, ils oublient à nouveau, eux aussi.

Ils ne voient pas mes failles. Ils ne réalisent pas leurs étendues. En apparence, il n'y a rien, alors qu'intérieurement je suis brisée.

Comme une porcelaine cassée recollée à l'envers. En vérité, je suis prisonnière de mon propre corps.

J'ai toujours été forte pour faire semblant, pour mettre le masque de la fille insensible.

Il y a cette partie de moi qui fait comme si rien ne s'était passé.

Quand elle fait surface, le déni, revient alors plus fort que jamais.

J'ai tellement vécu longtemps dedans. Je m'y suis noyée, j'ai gouté à son poison.

C'est mon ami et mon ennemi.
Parfois je l'aime mais au fond, je le déteste.

C'est à cause de lui que la moitié de ma vie est brisée. Le déni des autres, de la société et mon propre déni.

Le marchandage

Négocier. Je passe mon temps à négocier avec moi-même.

Je tente de traiter mon corps avec douceur. Comme lorsqu'on est face à quelqu'un qui ne veut plus de vous.

On se plie en quatre pour qu'il change d'avis. Qu'il vous aime encore une fois.

Dans ma version jeune, j'écrivais des lettres à ceux qui me blessaient, lorsque je me pensais fautive.

À l'intérieur je négociais, je soumettais des conditions, juste pour recevoir à nouveau un peu d'affection.

Maintenant, c'est avec ce corps que je négocie. Il est Incontrôlable, il agit sans pilote à son bord.

Logiquement c'est nous et notre cerveau qui décidons de faire un geste.

Dans mon cas, il n'écoute pas. Il envoi des mauvais signaux à mon organisme.

Il a pris mon vaisseau en otage pour mener un combat sans fin contre lui-même et contre des forces extérieures qui n'existent plus.

Jour après jour, je planifie l'implanifiable.
Je négocie pour ne pas que ma force, se dérobe sous mes pas.

Lorsqu'elle m'abandonne, c'est toute ma chair qui tombe à la renverse.
Littéralement.

Alors, je négocie pour que les maladies qui règnent sur ma vie me laissent tranquille certains jours.

Mais elles ne me laissent aucun répit.
Alors, je marchande, je change mes plans.
Je tente continuellement de surfer sur la vague de l'imprévisible.

La colère

La colère, c'est plus qu'un sentiment. C'est un vrai poison qui vous ronge de l'intérieur.

On dit que la colère est salvatrice, parce que derrière-elle se cache toujours : une tristesse, un ressentiment, un secret, un événement.

La fureur, elle vous consume tout entier si vous cédez. Si vous ne la laissez pas sortir, elle réussira par le faire et vous engloutir avec elle.

A contrario, si vous la laissez trop s'exprimer, vous risquez alors de finir en colère contre le monde entier.

J'étais ce style de personne qui gardait tout en elle. Celle, qui est vraiment dangereuse puisqu'elle est une bombe à retardement.

Le plus dur quand on est en colère, c'est de la gérer. Ce sentiment est tellement grand, tellement fort plutôt, qu'il est difficile de le maîtriser.

C'est comme un tsunami. Une fois lancé plus, rien ne peut l'arrêter. Il dévore tout sur son passage.

Avec la colère vient généralement l'injustice, car c'est cela dont il s'agit : un événement, un déclencheur incontrôlable.

Qu'elle soir adressée contre vous-même ou pas, c'est une part de vous, un sentiment.

Si vous ne l'autorisez pas à tracer son chemin alors, elle risque de vous consumer.

Malgré les apparences, il est impossible ni de la maîtriser ni d'ensevelir les sentiments qui vont avec.

La tristesse, la peur ne sont pas des choses qui doivent être enfouies.

Au final, il suffit de renoncer, de regarder l'orage passer et de le laisser faire ce qu'il a à faire.

Laissez-le faire tomber la pluie, sans faire payer aux autres le prix des erreurs que vous même avez toléré trop longtemps.

La colère est salvatrice parce qu'elle conduit à des choses que vous devez régler.
Elle a toujours un sens.

Un jour on m'a dit que ma colère était légitime, c'est une étape parmi tant d'autres.
 Tout comme celle de l'acceptation.

Acceptez l'émotion et la leçon qui l'accompagne. Lorsque la colère aura terminé son travail, elle finira par partir comme elle est venue.

Une fois passée, je suis sûre qu'une idée germera dans votre tête. Un projet original, une nouvelle envie, un différend rêve.

Puiser dans cette force et construisez quelque chose avec, car, le feu, est toujours une source de lumière.

La dépression

La dépression, on la décrit souvent comme quelque chose qui arrive du jour au lendemain, sans que vous en ayez conscience.

La vérité ? Elle est vicieuse.
La dépression s'immisce peu à peu dans vos vies.
C'est une ombre.

Au départ elle est discrète.
Elle apparait brièvement lors d'un moment où vous éprouvez de la mélancolie sans raison.

 Sans suit alors un autre moment, qui dure plus longtemps cette fois et petit à petit, l'ombre commence à s'étendre.

Chez la plupart des personnes, elle se manifeste comme suit : vous prétendez d'aller bien, vous souriez, alors qu'au fond vous vous sentez vide.

Finalement, vous privilégiez votre solitude plutôt que de continuer à faire semblant.

C'est le signe qu'elle vous envahit tout entier.
Vous préférez dormir, car c'est la seule chose qui vous soulage, lorsque vous y arrivez bien sûr.

Dans le passé, pour apaiser la tristesse, il vous suffisait de regarder ce film que vous aimiez tant.
Ou bien de manger votre plat favori.

Maintenant, même celui-ci n'a plus aucun goût et votre film préféré paraît totalement débile, dénué de sens, tout comme la vie.

Autrefois, j'étais quelqu'un qui ne se laissait jamais abattre. Je ne suis pas de ceux qui laissent l'ombre éteindre leur âme.

Je suis le style de personne qui cherche toutes les échappatoires possibles pour l'éradiquer et qui les essaye jusqu'à ce qu'elles fonctionnent.

On dit de moi que je suis très obstiné.
C'est une qualité et aussi un défaut qui vous fait perdurer dans la lumière et dans l'ombre.

Un jour elle a gagné, j'ai laissé l'ombre m'envahir. Je n'ai pas renoncé tout de suite, mais il faut parfois accepter de s'avérer vaincu.

C'est comme un trou noir qui vous absorbe de plus en plus.

Au départ, vous résistez vous lutter contre cette attraction, mais à la fin, vous vous faites aspirer.

Vous vous retrouvez alors dans ce trou noir, sans une once de lumière ni d'espoir à l'horizon à laquelle vous raccrocher.

La dépression, elle est vicieuse on ne la voit pas toujours, mais elle est pourtant bel et bien là...

L'acceptation

Cette année, j'ai appris. J'ai appris qu'on n'avait pas tous la même capacité à aimer, à encaisser.

J'ai réalisé qu'on était tous uniques et qu'on avait tous une sensibilité différente.

Il arrive parfois que des personnes très proches de vous soient votre opposé.

Peu importe, à quel point vous les appréciez. Il faut savoir accepter cette différence.

Si j'avais su ça plus tôt, si j'avais compris ça plutôt ça m'aurait évité bien des souffrances.

Hypersensible, empathe, je suis une vraie éponge. Je suis capable de déceler un sentiment négatif en un coup d'œil.

J'absorbe tout, j'arrive à analyser, à comprendre et à trouver les clés. Surtout dans les situations extérieures.

Malheureusement, lorsque cela concerne mon cœur, c'est comme si l'éponge était devenue impénétrable.

Les émotions ont l'habileté de brouiller tout sur leur passage. C'est le mental qui met une armure.

Lorsqu'il ne saisit pas le comportement des autres, les blessures remontent à la surface.

À cause d'elles, on agit plus qu'à travers les conséquences de celle-ci.

Puis, un jour survient l'action de trop.
Il arrive un moment ou la prise de conscience devient trop forte.

L'envie de changer se fait de plus en plus présente.

La vraie perception de soi est peu à peu retrouvée.

Lorsque ces éléments sont réunis le brouillard se lève enfin. Une fois que vous vous trouverez vous-même, vous arriverez à déchiffrer les autres.

Du moins à comprendre qu'ils sont différents et que cela n'a rien à voir avec vous.

Parfois, leurs actions ne concernent pas l'estime qu'ils ont pour vous, c'est juste un combat intérieur qu'ils mènent.

Certaines personnes ne se remettront jamais en question. Elles ne feront jamais d'introspection.

Elles ne prendront jamais conscience de leurs blessures et ne voudront pas les régler.

Il faut savoir l'admettre.
Il faut être prêt à accepter de vivre parfois le rejet.

Il faut savoir distinguer les personnes qui agissent par le filtre de leurs blessures, de celles qui en jouent délibérément pour vous atteindre.

Chacun à son histoire, sa propre éthique et ses spécifiques failles.

Tout le monde n'a pas le même cœur que vous et tout le monde n'est pas comme vous.

Une fois que vous aurez intégré cela, vous comprendrez pourquoi il y a tant de choses que vous ne saisissez pas dans ce monde.

J'ai accepté et j'ai compris que nous possédons chacun une part d'ombre, de lumière et qu'il y réside des milliers de tonalités.

La normalité n'existe pas, et le bien et le mal sont des nuances différentes à chacun.
Le tout est de parvenir à l'accepter.

PARTIE 3

PAPILLON

Les 5 arcanes

Les 5 clés

Les 5 arcanes

Exister. Vouloir ressentir. Peser le pour et le contre. Devenir. Être soie à travers eux.

L'être

-

Le ça

-

Le moi

-

Le sur-moi

-

Les autres

L'être

Qui suis-je ? Est-ce que je suis la personne que je crois être ou la personnalité qu'on croit que je suis ?

J'étais confronté, au pire des choix : accepter l'individu que je suis au profit de celle que j'imaginais et que je voulais être.

Je pensais pouvoir tout surmonter.
Je pensais avoir des rêves réalisables, pouvoir gravir des montagnes.

 En apparence. On pourrait présumer que j'ai tout pour moi. La superficialité m'a souvent causé du tort et de la jalousie.

Pourtant, je suis quelqu'un qui a un grand cœur et qui n'éprouve de la haine, qu'envers les personnes qui le méritent vraiment.

Je suis très conciliante et empathique.
Je suis le genre de personne qui voit toujours le bon chez les autres.

J'ai la faculté de lire en eux, y compris le bon et le mauvais. Je me méfie toujours, car je sais que l'apparence est souvent trompeuse.

Qui suis-je ?

Je suis une personne qui fait face à la réalité, si violente et fracassante. Elle a anéanti mes rêves et la façon dont je me perçois.

Je ne suis peut-être pas l'aventurière que j'espérais, celle qui voulait parcourir le monde et surtout le changer et apporter du baume au cœur.

Je ne suis pas non plus cette fille qui a tout réussi dans sa vie.

Non, je suis cette femme, celle qui ne peut pas vivre comme elle le voudrait.

Je suis cette guerrière qui a besoin de son prochain alors qu'elle a tout fait pour être indépendante.

Je suis ce zèbre qui malgré tous ces efforts n'a pas eu d'autres choix que d'accepter que la maladie gère sa vie.

Je suis un individu parmi tant d'autres.

Mais je reste cette femme, qui continue de se battre pour ceux qu'elle aime et qui tente de trouver des moyens pour s'en sortir.

Je suis cette amie qui, malgré tout ce qu'elle vit, est une personne sur qui on peut compter.

Je suis cette soeur un peu trop franche, car ça ne lui apporte jamais rien de bon.

Je suis cette fille qui est devenue incapable de faire semblant dans n'importe quel domaine.

Je ne suis pas parfaite.
Je ne suis pas la pire des demoiselles.
Je ne suis plus celle que j'étais.

Je ne suis pas encore celle que j'ai envie d'être, mais je tente chaque jour de m'améliorer et d'évoluer comme je le peux.

J'apprends de mes erreurs.
J'en fais toujours.
J'expérimente.

Je ne suis ni bonne ni mauvaise. Je suis ce que je suis. Je suis moi tout simplement et moi c'est elles.

Le ça

« Par loin, change de numéro, disparaît. »
« Pense à toi, amuse-toi ».
» Vis sans songer aux conséquences ».

« Fais-le ! repense à tes sentiments à toi »
« On est seul et on meurt seul. »

« Ne prends rien au sérieux, car de toute manière
la vie est un jeu et on n'en sort pas vivant. »

Ça c'est la voix du ça.

Inconsciente, impénétrable.
Parfois, tous les mots qu'elle dit ne sont pas si
mauvais.

Oui, de temps en temps cette voix a raison.

Mais elle en oublie que même si nous existons,
nous ne devons pas tout écraser sur notre
passage.

La vie c'est du partage et de la connexion.

Oui, on est seul et on meurt seul, mais on est des
millions de personnes sur terre.

On est destinés à se connecter les uns avec les
autres, à s'enrichir des uns et des autres.

Et puis, il n'y a pas que les pulsions qui comptent, il y'a surtout le cœur.
Écouter son cœur ce n'est pas écouter le « ça ».

Lorsqu'on cède à ses pulsions, il n'en ressort en général rien de bon. C'est le moment qui compte.

Sur le moment c'est gratifiant, mais avant de dormir tout revient en mémoire et le cœur se fait de nouveau une place.

Lorsque celui-ci a à nouveau accès à la conscience, vient alors le temps des déceptions.

On dit qu'il vaut mieux vivre avec des remords qu'avec des regrets,

Faut-il déplorer d'avoir brisé des vies sur son passage une fois notre heure arrivée ? Non.

Lorsqu'un choix s'offre à nous, il faut peser le pour, le contre et faire ce qui nous semble juste.

Se dire que si demain tout s'arrête.
On aura vécu du mieux qu'on aura pu.

Le moi

« Et si tu en finissais ? Si tu baissais les armes ? »
« Tu mérites le repos, il est temps. »

« Non, ne pars pas maintenant, tu es digne de te battre ». « Tu finiras par y arriver. Crois en toi ! »

Vous connaissez ce dialogue intérieur ?

Vous êtes à bout de force, vous ne voulez pas abandonner, mais vous ne trouvez plus d'échappatoire.

Comment réussir à allumer la lumière lorsqu'on se retrouve seul dans le noir et qu'on a ni lanterne ni force pour continuer son chemin ?

Et bien on avance à l'aveugle, en espérant que la clarté revienne au bout du tunnel.

Ce conflit intérieur, je le vis constamment dans mes moments de doute.

Tantôt l'une des voix donne raison à l'autre et prend le dessus quelques instants, puis la dispute infernale redémarre de plus belle.

Le cœur et la raison, le bien et le mal, le Ying et le Yang appelez ça comme vous voulez.

Je sais qu'on a besoin de ces deux facettes pour être vraiment soit même.

Parfois, il faut réussir à prendre des décisions sans écouter ni l'un ni l'autre, trouver un équilibre. Tout n'est pas tout noir ou tout blanc dans la vie.

Celle-ci possède de nombreuses nuances insoupçonnées. Un océan de couleur caché derrière les apparences.

Entre la terre et le ciel, il y a une multitude d'éléments, et tous, sont connectés les uns avec les autres.

Le sur-moi

« Tu n'aurais pas dû faire ça ! »
« Tu aurais dû te taire ! »
« Tu n'aurais pas dû t'ouvrir comme ça »

 Est-ce que ça vous est déjà arrivé de vous dicter ces phrases ?

Lors d'une soirée, d'une sortie, d'un échange, c'est la petite voix intérieure qui surgit tout à coup et vous fait vous remettre en question.

C'est la voix de la morale, celle qui ne veut pas décevoir ses parents, ses amis.
De l'autoflagellation à l'état pur.

C'est une partie de vous qui n'existe pas sans les autres. Celle qu'ils ont créée.

Elle est craintive, moralisatrice et remplie de doutes. Cette voix, est souvent tapie dans l'ombre.
`

Pour ma part, elle fut mise sur le devant de la scène m'empêchant d'être clairement moi-même.

Je suis très exigeant envers les autres et encore plus avec moi.

 « Je ne devrais pas m'emballer autant. »

« Je ne devrais pas être si sensible, après tout montrer ses émotions, c'est montrer une faiblesse »

Que cette voix prenne le rôle d'un juge impitoyable ou d'un féroce guerrier qui garde précieusement le cœur.

Le résultat est le même : elle finit par le démolir. Souvent j'entends cette voix près de mon cœur : « tu n'aurais pas dû rêver, soit réaliste ».

Et puis, j'apprends chaque jour à ne pas lui faire une trop grande place.

Les autres

Solitude quand tu nous tiens… ça ne m'a jamais dérangée de me retrouver isolée avec mes pensées comme unique compagnie.

Lorsque je suis entourée trop longtemps, j'ai besoin d'être seule à nouveau pour me ressourcer.

J'ai ce besoin de me recentrer et de récupérer mon énergie.

C'est aussi ça, être empathe, c'est absorber toutes les énergies environnantes.

Parvenir à analyser les gens, à cerner les sentiments et presque à les ressentir.

Il devient alors évident de se recentrer, afin de retrouver son plein potentiel.

Mais il arrive parfois que cette solitude, cette indépendance, soit un frein au bonheur.

J'ai du mal à m'ouvrir pleinement. Je garde mes forces & mes faiblesses bien au chaud pour éviter qu'on s'en serve contre moi.

Il faut être en phase avec soi-même pour pouvoir être bien avec les autres.

Mais lorsqu'on est bien avec soi-même, où sont les autres ?

Ils pensent que vous n'avez pas besoin d'eux.
Et c'est le cas.

Mais parfois, il est agréable de savoir que l'on peut se reposer sur quelqu'un. Se sentir aimé même si on s'aime déjà.

Est-ce que la solitude est une bénédiction ou bien un fardeau ? Souvent, je fuis les autres.

Certaines conversations et comportements qui me dérangent et qui produisent en moi de l'incertitude et de l'inconfort.

Et pourtant, je n'ai jamais autant appris sur moi-même quand étant en présence des autres.

Ils ne sont que notre reflet. Ils font remonter à la surface nos failles, nos peurs et aussi nos espoirs. Pour les découvrir, il faut rompre le voile.

Celui qui est dissimulé derrière, un père, une mère, une sœur, pour y voir complètement l'être qui s'en dégage.

Derrière chaque couche d'apparence qui le compose se cache une vulnérabilité.

Il faut savoir sortir du cadre, avoir connaissance de ses croyances limitantes et vouloir les briser pour y voir clair.

Accepter les autres comme une part de soi et prendre conscience de ses traumatismes.

Partir à sa propre rencontre pour réussir à vivre pleinement avec eux.

Les 5 clés

Retirer le voile. Résister. Se ressourcer. Y croire. S'abandonner.

La clarté

-

La résilience

-

La préservation

-

La confiance en soi

-

Le lâcher prise

La clarté

Et soudain, j'ai vu clair. J'ai compris que tout ce chemin parcouru et toute cette souffrance n'étaient pas en vain.

Je me suis senti poussé des ailes.
J'ai ouvert la cage de ma prison dorée. Je me suis envolée. Je me suis laissée emportée par le vent.

J'ai appris à m'aimer à travers mes propres yeux et pas au travers des yeux de quelqu'un d'autre.

J'ai réussi à me prioriser et à faire des choix, même si ces choix me font souffrir sur le moment.

Le brouillard qui constitue la vie est parfois tellement fort qu'on a du mal à y voir clair.

Ce qui importe ? Ce n'est pas la finalité, c'est le cheminement.

Parcourir ce sentier sans penser à hier ni à demain. Le franchir petit à petit, continuer à avancer malgré le peu de visibilité.

Au fil du chemin on en sort de plus en plus fort. La brume qui le compose finit toujours par s'estomper, au fil des étapes.

J'ai enlevé mon masque. J'y ai vu que la vie est mêlée de belles incertitudes.

Il ne faut jamais oublier que s'il y a un début, il y aura forcément une fin. Mais le plus important, c'est le chemin.

La résilience

Je me noie à nouveau, il n'y a pas d'eau autour de moi pourtant j'étouffe, mes émotions débordent.

Malgré tous mes efforts pour en sortir, je tourne inlassablement en rond dans ce bocal qu'est ma vie.

J'ai cherché toutes les échappatoires possibles, j'ai tout tenté en vain.

Je suis un pauvre petit poisson seul, fatigué et vieux mentalement.

Un minuscule être perdu dans un univers qu'il ne comprend pas et qui ne lui convient pas.

Trop sensible pour déchiffrer le comportement des requins qui peuplent son monde.

Un petit poisson robuste, mais épuisé, au corps fragile et à l'âme déchirée.

C'est l'argent qui domine la planète. Ce principe à si peu de sens pour moi.

J'aspire à un système juste, qui va à l'essentiel et qui se concentre sur ce qui est vraiment important. Pas un monde superficiel, bête et cruel.

Tellement de choses pourraient être réglées par l'amour, mais ce n'est pas dans ce milieu-là que j'ai atterri.

J'ai abouti dans une société qui est égocentrique, stupide, ou l'argent passe avant l'amour.

J'ai émergé au sein d'un peuple qui lutte contre des individus arrivant du terrain en face ou des personnes qui n'ont pas la même couleur.

Pour moi la terre est une planète qui n'appartient à personne et aussi à tous.

Je me plais à croire que je proviens d'un monde ou le bien et le mal n'existent pas et où la paix fait place à la haine.

Un monde où personne n'est jugé et ne craint la différence.

Je suis venue ici pour expérimenter ce que sont les émotions, bonnes ou mauvaises.

Tester ma résilience et celle du monde et de ces habitants.

Au fond de moi j'ai toujours souhaité éveiller les consciences des autres.

Pour moi, tous ne font qu'un.

Au fil des années, j'ai vécu, j'ai éprouvé et j'ai souffert. J'ai compris que la plupart des personnes ne veulent pas être sauvées.

Ils ne souhaitent pas exister dans un endroit idyllique car les émotions négatives qu'ils ressentent les font demeurer.

J'ai appris à voir le monde tel qu'il était, avec ses imperfections et ses forces aussi.

J'ai compris qu'il possède de multiples facettes et que les humains ont cette faculté exceptionnelle de toujours garder espoir.

C'est ce souffle de vie qui perdure.

Cette force de résilience, c'est celle qui sauvera sans doute le monde un jour, après qu'ils l'aient eux-mêmes anéanti.

La résilience, c'est également cette force, qui m'a permis de traverser tous les obstacles sur mon chemin.

Elle m'a permis de me relever lorsque je pensais que c'était la fin. C'est cet espoir, qui illumine mon destin.

Cette rage de vivre, cette énergie qui parcourt mon corps lorsqu'il est à bout.

Cette résilience qui crie en moi que toutes ses épreuves en valaient le coup.

La préservation

La préservation, c'est une des clés de la vie.

Pourquoi ? Parce que vous vivez votre histoire, vous avez vos objectifs, vos valeurs, mais je sais qu'une petite faille en vous perdure encore.

Tapie dans l'ombre, elle est la cause de votre difficulté à dire non. Elle fait ressortir votre peur du rejet et de l'abandon.

Cette faille vous accroche à ceux qui vous donnent l'impression d'être unique et utile.

Elle vous conduit à céder et à concevoir l'inconcevable.

Elle vous fait croire qu'il est salvateur de s'oublier pour le bien de tous. Alors, vous dépensez toute votre énergie.

Aujourd'hui, j'ai compris qu'il fallait refermer cette brèche. Qu'il était temps d'exister pour moi et pas à travers les yeux de ceux que j'aime.

J'ai compris que mon bonheur doit passer avant tous les autres, parceque null ne me complètera.

J'ai pris conscience que je possédais un pouvoir et que le céder à l'autre ne servais qu'à me vider.

C'est comme dans une relation, pour qu'elle soit saine, il faut se soigner totalement pour ensuite faire une place à autrui.

C'est à partir de là que vous pourrez construire quelque chose de solide et évoluer ensemble.

On est constitué d'énergie et elle est inestimable. J'en ai fini de m'épuiser et de la donner en vain. Je suis légitime, d'exister et de souffrir.

Il est important de vivre jusqu'à votre dernier souffle de la manière dont vous l'entendez, de celle qui fait vibrez votre cœur.

Oubliez les personnes ou les choses qui peuvent le parasiter.

Peu importe, les obstacles qui sont sur votre chemin, et les émotions qui vous emportent, parfois.

Prenez soin de votre vaisseau, le corps parle, ressent et il est déterminant de le préserver ainsi que son mental.

L'énergie est présente partout.
Préservez-vous.

Évitez les situations et les personnes toxiques quand vous le pouvez.

Écoutez-vous, votre cœur sait.
Faites corps à cœur avec lui.

Sauvez votre lumière, ressourcez-vous, expérimentez et recommencez.

Profitez de votre voyage, car bientôt celui-ci s'achèvera et un autre débutera ailleurs.

Vous oublierez, mais votre âme, elle, jamais.

La confiance en soi

Une des clés pour avancer dans la vie c'est la confiance en soi. Se sentir légitime, s'aimer pleinement avant de pouvoir aimer les autres.

Se laisser guider par son for intérieur sans crainte. Affronter le regard des autres et son juste regard. Croire en soi avant de croire à quoi que ce soit.

S'accepter complètement pour vivre en harmonie. Faire corps à corps avec sa peau et s'adorer jusqu'à son dernier souffle.

Accueillir son propre reflet et le recevoir comme son compagnon de vie avec ses forces et ses faiblesses.

Avoir confiance en soi, c'est ne pas se soucier du regard des autres. Ne pas avoir peur des jugements.

Se sentir capable de dire tout haut ce que l'on pense et en assumer les conséquences fièrement. Avoir conscience de sa juste vérité.

Trouver son équilibre entre l'égo et la faiblesse. Assumer d'exister et d'être un être à part entière qui mérite le bonheur.

Pouvoir se dire : « je n'ai pas toutes les clés, mais je vais y arriver.»

Ou encore :

« Je suis peut-être maladroite, sensible (ou tout autre défaut que vous avez), mais je m'accepte et je m'aime telle que je suis. »

Avoir véritablement confiance en soi, c'est être prêt à affronter sereinement chacune des phases de l'apprentissage menant vers la quête de soi.

Le lâcher prise

« Tu dois lâcher prise ! »
« N'y pense plus, avance sans te retourner. »

Cette phrase fait écho dans ma tête. Cette phrase c'est moi-même qui me la répète et qui me l'inflige pour pouvoir évoluer.

J'étais une âme perdue, une fille qui avait peur de son ombre et qui tentais de contrôler l'incontrôlable.

Je cherchais sans cesse à anticiper pour que la chute soit moins douloureuse.

Lorsqu'on vit ou plutôt survit, c'est comme si on était suspendu dans le temps. Coincé entre hier et demain.

C'est en se laissant tomber dans le vide, en lâchant prise qu'on réussit à trouver le bon chemin et qu'on parvient à se rencontrer.

Pour véritablement lâcher prise, il suffit de n'avoir aucune autre pensée pour autrui ou pour un futur qui n'existe pas encore.

Il n'y a qu'en affrontant le néant et en s'abandonnant qu'on permet à la peur d'abdiquer.

Il faut vivre pleinement le silence, jusqu'à entendre chaque seconde qui s'écoule dans le sablier.

Là, est toute la difficulté, se retrouver seul face à soi-même. Admettre sa propre ombre.

Se trouver face au miroir, face à ses craintes et son essence.

On ne peut pas contrôler la vie, on peut juste maîtriser sa manière de penser puis de réagir.

Pour véritablement lâcher prise, il suffit d'avoir foi en l'univers, même si on ne connait pas le parcours.

Il faut faire confiance en l'alchimie : ce processus menant à la pleine acceptation de soi.

Lâcher prise pour pouvoir trouver l'équilibre entre le corps et l'esprit, c'est le véritable début du chemin.

REMECIEMENTS

L'écriture a toujours été pour moi un exutoire, ainsi, les mots et les maux sont semblables à mes yeux.

Grâce à ce livre, j'ai fait le deuil de celle que j'étais, celle que je ne suis pas et celle que je ne serais jamais. J'ai enfin trouvé qui je suis.

J'ai évolué et j'ai appris qu'il fallait avoir de la compassion pour soi-même et réussir à se comprendre pour être en harmonie avec soi et avec l'univers.

C'est en passant par différentes phases qu'on découvre toutes les facettes qui constituent notre être : les arcanes de soi.

Ce titre fait référence au tarot. Celui-ci possède différentes arcanes majeures. Grâce aux énergies, elles permettent de mieux nous connaître, de cerner nos ressentis, et d'exprimer nos aspirations afin de révéler notre être authentique.

Ce titre a également été inspiré par mon ancien moniteur, c'est lui qui en avait fait son œuvre. Il m'a guidé sur la route et dans la vie.

Sa tragique chute, m'a fait comprendre qu'il suffisait de profiter de l'instant présent car le chemin est plus important que la finalité.

Comme dans le livre l'alchimiste : "On ne s'aperçoit pas toujours que l'on parcourt chaque jour un nouveau cheminement."

Nous ne devenons pas lumineux en regardant la lumière, mais en traversant nos propres ténèbres.

Aujourd'hui, j'ignore encore si la vie à un sens, mais je sais qu'il n'y a pas de hasard. On ne rencontre jamais une personne pour rien.

Malgré les difficultés, je ne cherche plus à combler un vide que j'ai moi-même créé.

J'ai appris qu'il ne faut plus attendre et forcer les choses, mais savourer chaque seconde. À présent, je me laisse surprendre et bercer par ce jeu qu'est la vie. Alors du fond du cœur, merci à lui.

Je remercie également ma sœur de cœur qui m'a toujours soutenue. C'est ma lumière qui a toujours cru en moi. Une de ces âmes-sœurs, qui éclairent votre vie.

Merci aussi à l'une de mes amies les plus fidèles, mon ange gardien qui veille toujours sur moi. Pour toujours et à jamais.

Je remercie également tous ceux qui ont bouleversé ma vie, en bien ou en mal, car à présent, je suis enfin celle que je suis aujourd'hui.

Printed in Great Britain
by Amazon

28810479R00099